GÉNÉALOGIE

DE LA

FAMILLE D'ENCAUSSE

BARONS D'ENCAUSSE

SEIGNEURS D'ENCAUSSE, DE SAVE, DE RÉGADES,
D'IZAUT, DE LABARTHE, D'EMBREIL,
DE POUYE DE TOUCH, DE RIEUCASÉ, DE LABASTHIDE,
DE GANTIES, DE LABATUT,

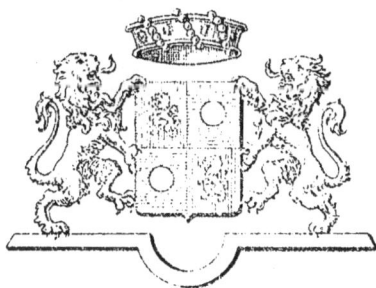

TULLE

IMPRIMERIE MAZEYRIE

—

MDCCCXII

GÉNÉALOGIE

DE LA

FAMILLE D'ENCAUSSE

GÉNÉALOGIE

DE LA

FAMILLE D'ENCAUSSE

BARONS D'ENCAUSSE

SEIGNEURS D'ENCAUSSE, DE SAVE, DE REGADES,
D'IZAUT, DE LABARTHE, D'EMBREIL,
DE POUYE DE TOUCH, DE RIEUCASÉ, DE LABASTHIDE,
DE GANTIES, DE LABATUT.

TULLE

IMPRIMERIE MAZEYRIE

—

MDCCCCXII

D'ENCAUSSE, Barons d'ENCAUSSE, Seigneurs d'ENCAUSSE, de SAVE, de REGADES, d'IZAUT, de LABARTHE, d'EMBREIL, de POUYE DE TOUCH, de RIEUCASÉ, de LABASTHIDE, de GANTIES, de LABATUT.

ARMES : *Écartelé au 1er et 4e de gueules, au lion rampant d'or; au 2e et 3e d'azur au besant d'argent.* — Couronne de baron.

———————

A seigneurie d'Encausse, avec titre de baronnie dans le comté de Comminges, a donné son nom à l'ancienne famille d'Encausse, noble de nom et d'armes, et qui, dans tous les temps, a tenu un rang honorable parmi la noblesse de la province.

Cette maison était reconnue noble bien avant le xive siècle, on en trouve la preuve dans différents actes. On peut citer le testament en latin de noble d'Encausse, en 1424 ; un acte en 1441 au sujet des baronnies d'Encausse et de Save, qui

prouve que la baronnie était de toute ancienneté dans la
famille et que la deuxième était issue de la première.

La descendance directe des premiers barons d'Encausse
s'étant éteinte avant le xive siècle, la seconde branche des
seigneurs d'Encausse, barons de Save, devint l'aînée et
réunit par droit de succession la baronnie d'Encausse à celle
de Save. Il serait difficile de fixer l'époque précise de cette
réunion, beaucoup d'anciens titres de familles ayant été
enlevés ou brûlés pendant la Révolution, mais les deux
actes de 1424 et de 1441 prouvent qu'elle a eu lieu comme
on vient de le dire.

Les barons d'Encausse ont été maintenus dans leurs titres
et privilèges par jugement du 3 janvier 1667 et du 23 décembre 1698. Cette maison a fait plusieurs fois ses preuves
pour l'Ecole Militaire et pour Saint-Cyr, devant d'Hozier, juge
d'Armes de France.

Les premiers membres de cette maison dont l'histoire
nous ait conservé la trace occupaient dès le xiiie siècle un
rang distingué parmi la noblesse. Depuis cette époque jusqu'à nos jours, la famille a constamment fourni des officiers
à nos armées et maintenu sa noblesse par ses services et
ses alliances.

La filiation ne commence qu'au xve siècle, mais bien avant
cette époque on trouve mentionné : GUILLAUME D'ENCAUSSE
qualifié « Miles », un des gentilshommes qui accompagnèrent
en 1226 Charles d'Anjou à la conquête de la Sicile, comme
il est prouvé par une quittance qu'il donnait le 15 mars
1227 à Philibert Bonfils.

En 1324 un autre gentilhomme d'Encausse, chevalier, se
trouvant malade à Auvillars, testa le lendemain du jour de
Saint-Mathias, en présence de Guillaume de la Coste, de Guillaume du Bosc, de Pierre de Savignac et de Bertrand de Goth
(Charles IV étant roi de France ; Jehan, comte d'Armagnac,
de Fezenzac et de Rodez, vicomte de Lomagne et d'Auvil-

lars ; Raymond, Evêque de Condom), en faveur de Nicolas d'Encausse, fils de Jean, baron d'Encausse, son frère.

Nicolas d'Encausse figure en 1399, avec trois hommes d'armes dans une montre qui eut lieu à Montréal.

La filiation suivie commence à

I. Pierre d'Encausse, baron du dit lieu et de Save, qui transigea, en 1441, avec Gaston de Foix et lui rendit l'hommage qu'il lui avait refusé jusqu'alors pour sa seigneurie d'Encausse. Il avait épousé le 17 novembre 1419 Marie de REGADES, dont il eut :

II. Nicolas d'Encausse, 1er du nom, baron d'Encausse et de Save, seigneur de Regades, fit, en 1451, la guerre en Guyenne avec le comte de Foix, et testa le 24 février 1487, ayant eu de son mariage avec Jeanne de POUYE :

I. Nicolas, baron d'Encausse, 2ᵉ du nom, qui possédait une antique tour seigneuriale dans la ville d'Aspet, reçut par donation de la baronne du dit Aspet, de la maison de Foix, sa parente, une maison et les biens nobles de la Loubère ; cette donation, signée Barthe, notaire, est du 19 mai 1481. Il acquit quelques fiefs de Roger de Lamothe d'Izaut, pour sa baronnie de Save, par acte de 1490. Il avait épousé Dulcie de MÉRITENS, n'eut pas de postérité et institua par testament en latin, reçu par Bernard, notaire à Aspet, le 10 juillet 1521, son héritier général et universel, Nicolas d'Encausse, fils de Roger, son frère.

III. Roger, baron d'Encausse, eut pour fils et successeur

IV. Nicolas d'Encausse, 3° du nom, baron du dit lieu et de Save, seigneur de Regades, fit la guerre en Italie, fut blessé devant Perpignan en 1524, testa le 30 mai 1549. Il avait épousé le 14 octobre 1530 Gaudiette de MAULÉON, dont :

V. 1° Géraud d'Encausse, baron d'Encausse et de Save, seigneur de Regades, gouverneur pour le roi de la ville et la baronnie d'Aspet.

« Le recueil des manuscrits d'Aspet (f° 144) rapporte qu'il acquit par acte du 4 juin 1574 de Savary d'Aure, baron de Larboust, successeur de

Jean de Montesquiou, la charge de gouverneur d'Aspet. La cession fut régularisée par enregistrement en la Chancellerie de Navarre (Mieussens, chancelier), le 12 du même mois et confirmée par lettres patentes du roi Henri IV, en octobre 1594.

« Géraud d'Encausse de Save, de haute stature, d'une force et d'une vigueur extraordinaires, réalisait, disent les historiens du Comminges, le type parfait du chevalier du Moyen-Age. Ils racontent que le seigneur de Save reçut un jour la visite du frère du roi de France, accompagné d'une nombreuse suite de gentilshommes et d'hommes d'armes. Après huit jours, le frère du roi se serait excusé et aurait tenu ce langage à messire Géraud : « Mon cher cousin, il faut que je m'en aille, autrement moi et « mes hommes aurons tôt fait de dévorer tout ton bien. » A quoi messire Géraud aurait répondu : « Venez, Monseigneur, je vais vous montrer mes « ressources. » Et incontinent il promena le prince à travers ses nombreuses métairies en donnant l'ordre à ses gens d'élargir et faire paraître tout le bétail et animaux de toutes sortes. Sur quoi, l'hôte royal charmé aurait dit : « Eh bien ! soit. Je vais te donner une semaine de plus. »

« Il eut avec les consuls de la ville d'Aspet de nombreux démêlés au sujet de sa charge de gouverneur et mourut ayant dépassé l'âge de cent ans, ainsi qu'en fait foi le plaidoyer qu'il présentait au sujet de son office de gouverneur devant le parlement de Toulouse, plaidoyer qu'il terminait en disant : « Qu'il ne serait pas raisonnable qu'ayant si longtemps servi « le roi et le peuple en sa charge de gouverneur il y fût troublé sur la fin « de sa vie étant de l'âge de cent ans et n'ayant rien à se reprocher. »

Il épousa le 12 décembre 1536 JEANNE DE LATOUR, dont :

a) JEAN-JACQUES d'Encausse, baron de Save, épousa : 1º BRANDELISE D'USTOU, dont un fils mort jeune et une fille mariée à FRANÇOIS DE SARRIEU, seigneur de Castelbiague ; 2º CLAIRE DEGUÉ DE MONCAUP, dont deux filles et un fils qui suit :

b) GUY d'Encausse, auteur de la branche des seigneurs de Rieucasé de Labasthide, qui s'est éteinte en la personne d'autre GUY qui avait épousé le 19 juin 1590,.PAULE DE FOIX, dont une fille unique, mariée à M. DE MÉRITENS, à qui elle porta la terre et la seigneurie de Labasthide ; de cette branche est aussi issue celle des seigneurs et barons de Saint-Ignan qui s'est fondue dans la maison de LATOUR-LANDORTHE.

2º NICOLAS, auteur de la branche des seigneurs du Pouye de Touch.

VI. JEAN d'Encausse, baron de Save, épousa par contrat du 8 décembre 1692 LOUISE PERRAUD, dont un fils Jacques qui suit :

VII. JACQUES d'Encausse, baron de Save, épousa par contrat du 17 juin 1722 JEANNE DESCOUS, dont un fils Jean qui suit :

VIII. JEAN, 2º du nom, épousa JEANNE DURIEU, dont il eut un fils, Jean-Jacques qui suit :

IX. JEAN-JACQUES, 2º du nom, épousa par contrat du 1er juillet 1778 GUILLEMETTE TAPIE, dont il eut un fils, Jean-Bertrand qui suit :

X. JEAN-BERTRAND, marié à JEANNE BORDES, dont il eut six enfants.

« La branche des barons de Save   ... .lement représentée par X. d'Encausse de Save, marié à Lang(., près Bordeaux.

« Une branche, dite d'Izaut, sortie de celle de Save, a fourni deux hommes remarquables, le premier fut PIERRE d'Encausse, chanoine de l'église métropolitaine de Saint-Bertrand. Fils du seigneur d'Izaut, il reçut le jour en 1602, et son père, le chevalier d'Encausse, le fit élever à Saint-Gaudens, dans le couvent de l'ordre des Cordeliers, et le destina à l'état ecclésiastique. Ses rares qualités et ses talents supérieurs le firent distinguer par Donadieu de Griesc, Gilbert de Choiseul et Hugo de Labatut, tous trois évêques du Comminges, lesquels successivement le conservèrent auprès d'eux. Donadieu de Griesc l'employa à former la discipline ecclésiastique relâchée dans le diocèse. Sur ses conseils ce prélat divisa le territoire en archiprêtrés et forma un conseil de 22 prêtres appelés à discuter tous les mois sur les affaires du diocèse. Enfin Gilbert de Choiseul l'employa à la création de plusieurs séminaires dont il rédigea lui-même les règlements, il l'employa également à la pacification de plusieurs nobles qui se livraient des combats singuliers et il le nomma sur sa demande archiprêtre d'Encausse. C'est dans cette résidence qu'il composa un fort remarquable traité sur « Les Dismes » dans lequel il émettait cette opinion assez neuve pour être citée que « La disme est une imposition ecclésiastique « plutôt qu'un droit ; elle ne doit être maintenue que comme taxe transi- « toire jusqu'à ce que l'équité d'un droit plus régulier fût formulée en « principe. »

« Pierre d'Encausse, docteur en théologie et en droit, archiprêtre d'Encausse, mourut en ce lieu en 1668. Son corps fut enseveli du côté droit de l'église, et la pierre tumulaire qui recouvre son tombeau porte l'épitaphe que la piété et l'amour de ses paroissiens ont gravée dessus en l'honneur de sa glorieuse mémoire.

« Le second des deux hommes cités plus haut s'est distingué par l'originalité de son existence et par son vaste savoir dans les mathématiques. Jacques d'Encausse qui existait avant la Révolution de 1789 vivait à Paris dans la solitude la plus absolue. Il ne sortait du mystère de sa retraite que lorsque le besoin lui en faisait une nécessité. Alors il annonçait l'ouverture de ses cours de mathématiques, qui attiraient dans le Quartier Latin une foule de disciples. Lorsqu'il avait gagné assez d'argent pour se dispenser de professer pendant quelques mois, il suspendait ses cours et devenait invisible. On n'a jamais su le lieu de la mort de Jacques d'Encausse.

« On a fait beaucoup de conjectures sur son compte, mais ce qui est certain c'est qu'il laissa dans Paris une réputation de savoir qu'on n'égala jamais depuis les cours du fameux Abélard, car, ainsi que ce dernier, Jacques d'Encausse vit se réunir autour de lui de nombreux disciples avides de recevoir les leçons d'un tel maître. »

Branche des Seigneurs de POUYE de TOUCH

V. NICOLAS, baron d'Encausse, 4ᵉ du nom, servit et fut capitaine, il avait épousé : 1º par contrat du 17 février 1581, GABRIELLE D'ORBESSAN, dame de Pouye de Touch, dont Géraud, mort jeune ; 2º par contrat du 22 avril 1592, AUBRIETTE D'USTOU ; il testa le 1ᵉʳ avril 1622 et mourut le 25 juin suivant laissant de son second mariage :

1º FRITZ d'Encausse, seigneur de Pouye de Touch, épousa, le 11 avril 1624, MARGUERITE DE GOYRANS, d'une des plus anciennes maisons de Toulouse, dont :

a) NICOLAS-GABRIEL d'Encausse, seigneur de Pouye de Touch, maintenu dans sa noblesse par jugement du 3 janvier 1667, épousa par contrat du 1ᵉʳ avril 1657, FRANÇOISE D'ORBESSAN, dont trois filles mariées : la première, au marquis DE BONFONTAN ; l'autre au comte DE LAMEZAN-JONCET ; la troisième, au comte D'ESPAGNE.

2º LOUIS d'Encausse, mort sans postérité.

3º JEAN d'Encausse, auteur de la branche des seigneurs de Ganties, qui suit.

4º NICOLAS, auteur de la branche des seigneurs de Labatut.

5º MARIE d'Encausse, mariée le 25 juin 1612 à NICOLAS DE FOIX, seigneur de Lomagne, gentilhomme ordinaire de la Chambre du Roi, descendant des anciens comtes de Foix.

Branche des Seigneurs de GANTIES

VI. JEAN, baron d'Encausse, seigneur de Ganties, eut un fils, Jean-François, qui suit :

VII. JEAN-FRANÇOIS, baron d'Encausse, seigneur de Ganties, mort en 1705, eut de son mariage avec MARIE-FRANÇOISE DU PAC, décédée en 1707, cinq enfants :

1° JEAN, né le 24 mai 1669, mort en bas âge ;
2° MARIE, née le 8 octobre 1670, s. a. ;
3° MARIE-ANNE, née le 16 décembre 1671, s. a. ;
4° JEANNE, née le 14 janvier 1674, morte en bas âge ;
5° GÉRAUD, né le 15 janvier 1676, qui suit :

VIII. GÉRAUD, baron d'Encausse, seigneur de Ganties, mort en 1744, eut de son mariage avec MARIE DE SAINT-GÈS :

1° JÉROME, né le 20 février 1700, qui suit ;
2° MARIE et MARTHE, jumelles, nées le 25 mars 1701 ; Marthe épousa JEAN-JACQUES DE SAINT-JEAN, baron de Pointis, vicomte d'Uston ;
3° JEAN, né le 11 mai 1702, curé de Ganties, mort en 1782 ;
4° JEAN-FRANÇOIS, né le 13 décembre 1703 ;
5° JEAN-JOSEPH, né le 27 mai 1705 ;
6° JEAN-LOUIS, né le 10 août 1706 ;
7° SAUVEUR, né le 10 août 1707 ;
8° MARIE, née le 17 mai 1712, décédée en 1774 ;
9° MARIE-MADELEINE, née le 23 juillet 1713, morte en bas âge.

IX. JÉROME, baron d'Encausse, seigneur de Ganties, eut de son mariage avec MARIE DE SAINTE-GEMME :

1° FRANÇOISE, née le 25 avril 1740, décédée en 1761, s. a.
2° JEAN-LOUIS, né le 17 août 1743, qui suit ;
3° JEAN-JOSEPH, né le 24 septembre 1744 ;
4° JEANNE-MARIE, née le 28 avril 1746.

X. Jean-Louis, baron d'Encausse, seigneur de Ganties, mort en 1812; il avait épousé Marie de CAZASSUS, décédée en 1809.

Il fut emprisonné sous la Terreur, ses biens furent confisqués et le château de Ganties fut mis à sac pa... peuple. Pendant sa détention Marie de Cazassus, au péril de sa vie, parvint souvent jusqu'à lui sous les habits d'une femme du peuple, grâce à la complicité d'un homme de Ganties, resté fidèle à la famille et qui occupait des fonctions subalternes dans la prison. Jean-Louis dut au courage de sa femme d'être tenu au courant des faits de la Révolution; il fut par elle pourvu des objets les plus strictement indispensables et eut constamment des nouvelles de ses enfants. Il dut la vie et la liberté aux événements qui suivirent le 9 thermidor. Après la tourmente il acheta la terre et le château de Bouillac, où il se retira avec ses enfants.

De ce mariage sont issus :

1° Jérome-Jean-Louis, né à Ganties le 3 août 1777, qui suit ;

2° Marie-Josèphe-Renaude, née le 30 avril 1779, mariée à Jean-Joseph-Stanislas de ROQUEMAUREL ;

3° Marie-Louise-Josèphe, née en 1781, s. a.

XI. Jérome-Jean-Louis, baron d'Encausse, de Ganties, mort le 19 juin 1848, il avait épousé, le 24 thermidor, an XII, en premières noces, demoiselle Jeanne-Marie BEITTRIES, décédée en 1809, dont il n'eut pas d'enfants ; en secondes noces, suivant contrat du 26 février 1810, Marie BÉCANE, fille de Jean-Baptist⁻ et de Marie de MÉRITENS, dont :

1° Louise-Marie, née le 5 juin 1811, mariée à Jean-Raymond DAVEZAC ;

2° Marie-Joséphine-Jéromette, née le 10 mai 1813, mariée au vicomte Joseph de MARTRÈS ;

3° Adélaïde-Julie-Zoé, née le 17 décembre 1814, décédée en 1855, épousa Jean-Bernard-Fulgence DUPUY, notaire ;

4° Louis-Joseph, né le 19 mars 1817, qui suit ;

5° Rose-Eulalie-Clara, née le 17 janvier 1819, épousa Louis CAUSSADE;

6° Paul-Alexandre-Léon, né le 27 mars 1820, mort en bas âge ;

7° Isidore-André, marié en 1850 à Pierrette DARBON ; ;

8° Jeanne-Marie-Michelle, morte en bas âge ;

9° Joséphine-Marie-Clémence, née le 25 mars 1827, mariée à Joseph SÉNAT ;

10° Charles-Honoré, mort en bas âge.

XII. Louis-Joseph, baron d'Encausse de Ganties, mort en 1889, épousa, suivant contrat du 27 octobre 1857, Sophie MATHIEU-ARNAUD, dont il eut :

1° Louis-Joachim-Isidore, né le 11 août 1858, qui suit ;
2° Jean, mort en bas âge ;
3° Jérome, mort en bas âge ;
4° Ferdinand, mort en bas âge ;
5° Gaston, mort en bas âge;
6° Henri, né le 19 août 1873, fut appelé par son frère aîné Louis, trésorier payeur général du Congo, à servir dans cette colonie, fut nommé trésorier particulier à Brazzaville en 1901, trésorier payeur général du Gabon en 1904, actuellement trésorier-payeur général de la Guadeloupe, chevalier de l'Étoile noire du Bénin, officier d'Académie ;
7° Maurice, né en mars 1877, fut appelé en 1899, par son frère aîné Louis, alors trésorier-payeur général de l'Inde, à servir dans cette colonie, fut successivement payeur à Chandernagor, passa en 1903 en la même qualité à Banguy (Congo Français), actuellement payeur des Territoires du Chari-Tchad, à Fort-Lamy ; médaillé colonial.

XIII. Louis-Joachim-Isidore, baron d'Encausse de Ganties, fut successivement trésorier-payeur général des colonies du Soudan Français, du Congo Français, de l'Inde Française ; fut dans ces colonies le collaborateur assidu du général Archinard et de Savorgnan de Brazza, actuellement trésorier-payeur général du département de la Corrèze; officier de l'ordre royal du Cambodge, officier d'Académie, médaillé colonial en qualité de lieutenant d'artillerie de réserve (Campagne 1889-1890, Soudan). Chevalier de la Légion d'honneur (1913.)

« Il épousa en premières noces, suivant contrat du 15 novembre 1884, Louise-Marie-Étiennette SEVEAU, qui l'accompagna dans toutes ses campagnes coloniales et mourut dans les monts « Nilghiris », à Conoor (Inde Anglaise). Elle fut la première femme blanche qui vint au Soudan, où elle fit l'admiration de tous, par la force morale, le courage qu'elle montra dans les circonstances les plus critiques telles que : faits de guerre, épidémie de fièvre jaune, inondations. Cette vaillante Française sut par son tranquille courage remonter le moral affaibli des nombreux malades qu'elle secourait avec une abnégation sans réserve.

« Il épousa en secondes noces, suivant contrat du 2 mars 1899, Marie-Suzanne-Angèle DE MALINGUEHEN, fille de Pierre, baron de Malinguehen, et de MARIE-RADEGONDE-CAMILLE DE BOISLINARD, d'une très ancienne famille du duché de Brabant qui s'installa en France en 1416 en la personne de ROBERT II, baron de Malinguehen, qui s'était révolté contre son souverain le duc de Bourgogne, et qui fut l'auteur de la branche des barons de Malinguehen, de Beauvais. Cette famille fournit de nombreux officiers à nos armées et des gouverneurs de la ville de Beauvais. La grand'mère de Suzanne de Malinguehen, ISMALIE DE LA CHATRE, décédée en 1906, fut la dernière descendante des ducs de La Châtre. »

LOUIS-JOACHIM-ISIDORE eut du premier lit :

1° YVONNE-LOUISE-JOSÈPHE, née le 23 mars 1892 ;
2° JEAN-LOUIS-JOSEPH, né le 30 juin 1895, mort en bas âge.

Du second lit :

3° CHRISTIANE-MARIE-THÉRÈSE, née à Pondichéry, le 25 avril 1900 ;
4° GÉRAUD-PAUL-JEAN-PIERRE, né à Tulle, le 2 novembre 1910.

Branche des Seigneurs de LABATUT

Cette branche s'établit à Saint-André de Comminges en 1665, par le mariage de NICOLAS, fils de NICOLAS IV, baron d'Encausse, avec ISABEAU DE BENQUE, dame de Labatut; elle fit la fondation dans l'église paroissiale d'une chapelle qui servait encore de sépulture à la famille au moment de la Révolution et était connue sous le nom de Chapelle de Labatut.

VI. NICOLAS d'Encausse, 5e du nom, baron d'Encausse, seigneur d'Embreil, capitaine, puis colonel au régiment d'Epernon, fit la guerre en Espagne, sous M. de la Mothe-Houdancourt, épousa : 1º FRANÇOISE DE MOULIN; 2º par contrat du 11 avril 1655 ISABEAU DE BENQUE, dame de Labatut, fille de Jean de Benque, seigneur de Labatut, et de MARIE DU HAGET DE VERNAN, d'une très ancienne maison. Du premier lit :

1º BERNARD d'Encausse de Labarthe d'Embreil, marié : 1º le 17 décembre 1670, à MADELEINE DE LALANNE ; 2º le 16 avril 1678, à FRANÇOISE DE FAUDOAS-LARRIÉ. Cette branche s'est fondue dans celle de Labatut, par testament du dernier représentant, JEAN-BAPTISTE d'Encausse, seigneur de Labarthe d'Embreil, mort célibataire en 1704.

2º MARIE d'Encausse, mariée à LOUIS DE PREYSSAC.

Du second lit :

3º URBAIN d'Encausse, capitaine au régiment de Pouange-Cavalerie, mort en 1700 à Mouzon où il tenait garnison.

4' JOSEPH, qui suit ;

5° CHARLES d'Encausse, lieutenant au régiment de Vexin, puis capitaine et chevalier de Saint-Louis, le 8 juillet 1731, mort à Huningue en 1733.

6° NICOLAS d'Encausse, garde du corps du Roi.

VII. JOSEPH, baron d'Encausse, seigneur de Labatut, né le 28 mars 1657, mort le 17 octobre 1708 ; il avait été reçu dans la compagnie des Cadets gentilshommes établie à Metz, et de là il était passé lieutenant au régiment de Navarre, par brevet du 20 août 1688; il donna sa démission étant devenu le chef de la famille par la mort d'Urbain son frère aîné ; il avait épousé CATHERINE DE BARRAS, descendante par sa suite de l'ancienne maison d'AGUT. Il eut de ce mariage :

1° PIERRE d'Ençausse, mort en bas âge ;

2° JEAN-BAPTISTE qui suit ;

3° MARIE d'Encausse, mariée à noble ROBERT DE SAINT-MARTIN.

VIII. JEAN-BAPTISTE, baron d'Encausse, seigneur de Labatut, né le 7 avril 1709, fut fait enseigne dans le régiment de Vexin, compagnie d'Encausse, que commandait son oncle, en juin 1725; lieutenant en 1727, capitaine en 1738, chevalier de Saint-Louis en 1747, passa avec sa compagnie aux Grenadiers de France en 1749, où il continua à servir jusqu'en 1757 ; fit les campagnes d'Italie en 1734, 1735, 1736, et toutes celles qui eurent lieu en Allemagne et dans les Pays-Bas, jusqu'à la paix de 1748 ; il se trouva dans le cours de ses campagnes au siège d'Ypres, Menin, Mons, Charleroi, Berg-op-Zoom et Maestricht. Ses blessures ne lui permettant plus de servir, le Roi lui accorda une pension de retraite. Il avait épousé par contrat du 17 avril 1754, MARIE-THÉRÈSE DE LAHAILLE, dont :

1° BERNARD qui suit :

2° JEAN-FRANÇOIS-DOMINIQUE d'Encausse de Labatut, né le 4 août 1758, chevalier de Saint-Louis, lieutenant-colonel au régiment de la Martinique. Il avait épousé en 1789 MARIE-THÉRÈSE CROQUET DE BÉTIGNY, d'où sont issus :

a) DIANE-LOUISE-MARIE d'Encausse, mariée à M. DE LAUTHIER D'AU-BENAS, d'une ancienne famille du Vivarais ;

b) FRANÇOIS-GABRIEL d'Encausse, lieutenant au 26ᵉ régiment de ligne, mort sans enfant mâle ;

c) FLORE-DOROTHÉE-MARIE d'Encausse, mariée à M. DE GAILLARD DE LAUBENQUE ;

d) AURORE-ELISABETH d'Encausse, mariée à M. DE GAILLARD DE LAU-BENQUE, frère du précédent.

3° JEAN-BAPTISTE d'Encausse de Labatut, né le 23 mai 1760, chevalier de Saint-Louis et de la Légion d'honneur, élève du Roi à l'École militaire de La Flèche, cadet gentilhomme dans le régiment de Vivarais ; nommé peu de temps après aspirant dans la marine royale, devint capitaine de vaisseau et commandant du port de Lorient et se retira contre-amiral. Il est mort le 30 novembre 1827. Il avait épousé la veuve du vicomte DE CLIEU, née DE LAFONT DE LAROLE, d'une famille des plus anciennes du Mâconnais dont il n'a eu qu'un fils :

a) CONSTANT d'Encausse de Labatut, né le 7 février 1804, élève à l'École militaire de Saint-Cyr, officier de cavalerie, chevalier de la Légion d'honneur.

4° MARIE-LOUIS-JOSEPH d'Encausse de Labatut, né le 18 août 1763, chevalier de Saint-Louis, mort célibataire ;

5° NICOLAS-BERNARD-MARIE d'Encausse de Labatut, né le 18 mai 1765, chevalier de Saint-Louis, élève du Roi au collège de Sorrèze, lieutenant au régiment de Médoc, émigra et fit toutes les campagnes de l'armée de Condé, mort au château de Labatut en 1838 ;

6° PIERRE-FRANÇOIS-ANNE d'Encausse de Labatut, né le 7 janvier 1767, chevalier de Saint-Louis, élève à la Flèche en 1775, puis lieutenant de vaisseau, a fait la campagne de l'armée de Condé, plus tard capitaine de frégate, sous la Restauration, mort étant capitaine de port à Saint-Pierre (Martinique), avait épousé demoiselle DE LA BLANCHETIÈRE, n'a eu qu'un fils, ÉDOUARD, officier au régiment de la Martinique, mort célibataire.

7° BERNARDE-MARIE d'Encausse, née en 1761, morte en 1792, mariée à M. DE SENTIS, dont : JOSÉPHINE de Sentis, mariée à AUGUSTE DE MONT, baron de Benque.

8° ROSE-THÉRÈSE d'Encausse, née le 22 février 1709, élevée à la maison royale de Saint-Cyr, morte supérieure des Carmélites de la rue d'Enfer, à Paris.

Il est à remarquer que Jean-Baptiste et ses fils furent tous chevaliers de Saint-Louis.

IX. Bernard, baron d'Encausse de Labatut, né le 13 décembre 1755, chevalier de Saint-Louis, sous-lieutenant au régiment de la Rochefoucauld, dragon en 1775, capitaine en 1791, fut présent à l'Assemblée de la Noblesse, convoquée à Muret en 1789, émigra en 1792, fit toute les campagnes de l'armée de Condé. Commissaire du Roi à la Monnaie de Toulouse, jusqu'en 1830 ; décédé au château de Labatut le 22 mai 1839. Il avait, le 29 juin 1805, épousé Jeanne-Marie-Antoinette-Bonne-Mélanie de VILLÈLE, sœur du comte de Villèle, ministre des rois Louis XVIII et Charles X ; de ce mariage sont venus :

1° Louise-Marie-Thérèse d'Encausse de Labatut, née le 10 septembre 1809 ;

2° Louis-François-Denis, baron d'Encausse de Labatut, né le 9 octobre 1810, mort enseigne de vaisseau, le 10 octobre 1839 ;

3° Jean-Élie Pamphile d'Encausse de Labatut, né le 1er juin 1815, marié le 6 juin 1846, à Olympe d'ESPALUNGUE, fille du baron d'Espalungue, et de demoiselle de PALAMINY; de ce mariage :

a) Bernard d'Encausse de Labatut, né en 1851, mort en bas âge ;

b) Marie-Henriette-Mélanie d'Encausse de Labatut, née le 29 juillet 1847, mariée au comte de GALLAND-TERRAUBE ;

c) Louise-Josèphe-Marie-Thérèse d'Encausse de Labatut, née le 13 juillet 1849, mariée au marquis Henri de MAULÉON ;

4° Louis-Marie-Joseph d'Encausse de Labatut, né le 11 juillet 1819 ; élève à l'École militaire de Saint-Cyr, fit plusieurs campagnes en Algérie de 1842 à 1844, prit part à l'expédition de la Baltique et au siège de Bomarsund en 1854, officier de la Légion d'honneur, il prit sa retraite comme chef de bataillon en 1866. Il avait épousé Sophie-Thérèse-Bathilde PIDOUX, fille de Victor-Pidoux, représentant du Doubs à l'Assemblée législative de 1849, d'une très ancienne famille du Poitou, établie en Franche-Comté en 1613, dont il eut :

1° Bernard, qui suit ;

2° Marie-Antoinette, mariée à M. de KERROS, d'une ancienne famille de Bretagne, dont un fils, Amaury ;

3° Henriette, s. a.

X. Bernard-Victor-Louis, baron d'Encausse de Labatut, né le 1er septembre 1863; il épousa suivant contrat du 10 août 1891, Marie-Joséphine-Herminie ROQUES, fille de Camille Roques, député et conseiller général de l'Aveyron, et de Stella ROGERIE de LAPLANQUE, issue de l'illustre famille ROGIER de BEAUFORT, qui compte parmi ses membres deux papes : Clément VI et Grégoire XI. Sont issus de ce mariage :

1° Marie-Camille-Simone, née le 27 mai 1897;

2° Jean-Joseph, né le 8 février 1899;

3° Marie-Camille-Guy, née le 7 février 1901.

PREUVES. — Archives du Donjon à Toulouse.
            Archives de Muret et de Saint-Gaudens.
            Etat civil des communes d'Encausse, de Ganties, d'Agassac,
                de Saint-André.
            Papiers de famille.
            Bibliothèque Nationale (Cabinet des titres).

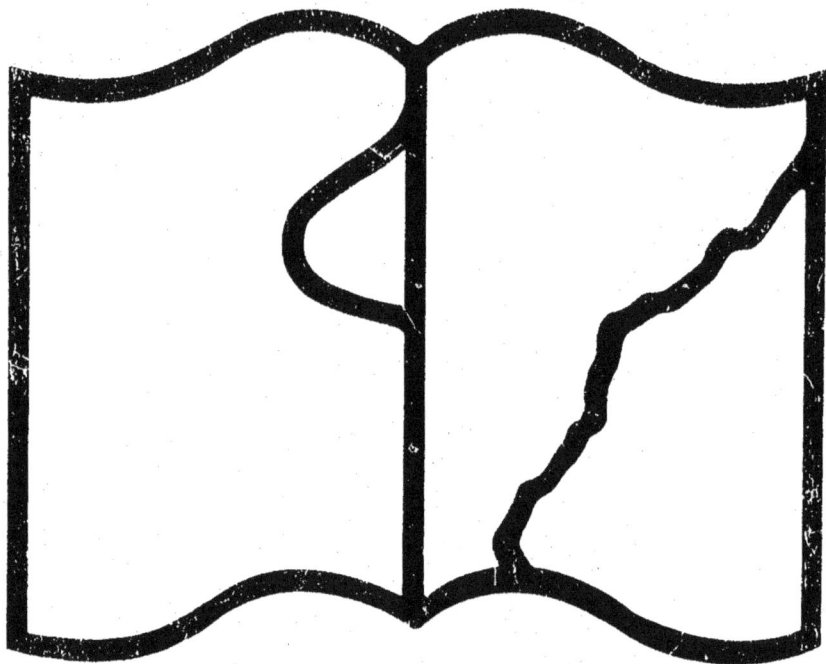

Texte détérioré — reliure défectueuse

NF Z 43 120-11

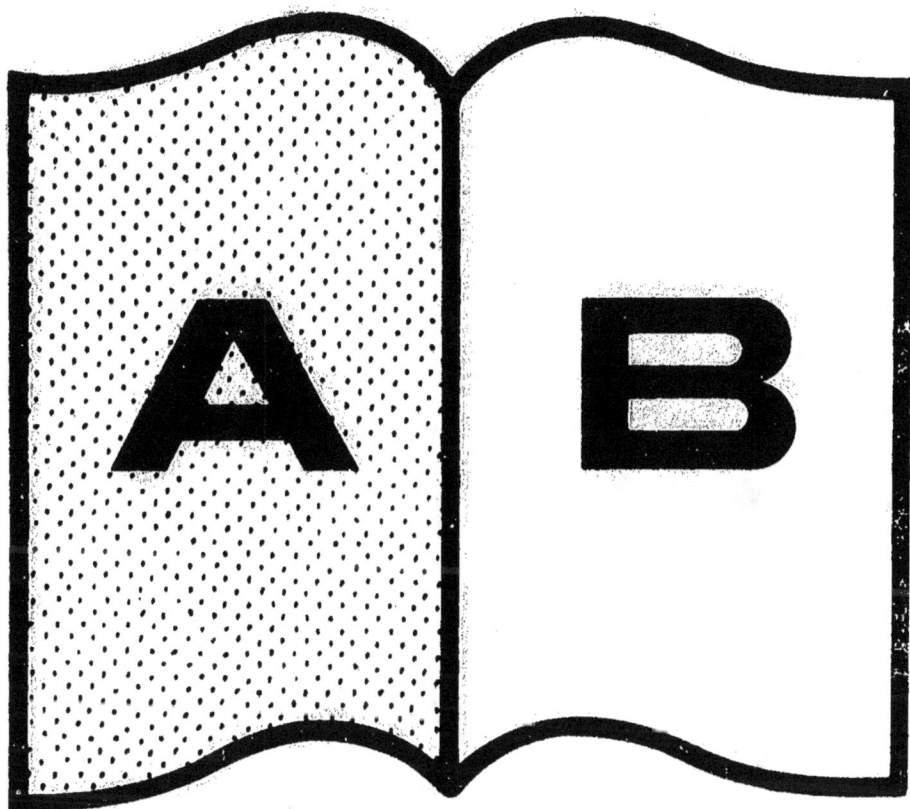

Contraste insuffisant

NF Z 43-120-14

www.ingramcontent.com/pod-product-compliance
Lightning Source LLC
Chambersburg PA
CBHW070118300326
41934CB00035B/2898